CIRCULAIRE

relative aux rapports des autorités indochinoises entre elles et avec le Gouvernement général suivie des Instructions pour son application.

(15 avril 1924).

HANOI

1924

GOUVERNEMENT GÉNÉRAL DE L'INDOCHINE

CIRCULAIRE

relative aux rapports des autorités indo-chinoises entre elles et avec le Gouvernement général suivie des Instructions pour son application.

(15 avril 1924).

HANOI

1924

CIRCULAIRE

Hanoi, le 15 avril 1924.

*Le Gouverneur général de l'Indochine, Grand Officier de la
Légion d'honneur, à Messieurs le Gouverneur de la Cochinchine, les Résidents supérieurs en Annam, au Tonkin, au
Cambodge et au Laos, et les Chefs de services relevant
du Gouvernement général.*

Un des premiers devoirs de ma fonction est d'assurer le
maintien des principes, sur lesquels le législateur colonial a
fondé l'organisation du pays, à la tête duquel m'a placé la
confiance du Gouvernement.

Aussi, depuis mon arrivée en Indochine, me suis-je attaché,
par un contact étroit avec les Gouvernements locaux et les
Services du Gouvernement géneral, à me rendre compte si
le fonctionnement des divers organes dont j'ai la haute direction procède bien de l'idée, qui a présidé à l'élaboration
des décrets organiques de 1911.

Ces textes ont institué un régime de décentralisation, dont
les principes généraux ont fait leur preuve dans toute l'éten-
due de notre domaine colonial aussi bien en Afrique qu'en
Asie. Ils doivent toutefois être constamment adaptés non
seulement aux lieux mais aux conditions nouvelles que
révèle le développement de nos possessions diverses d'outre-
mer. Or, lorsqu'il s'agit d'une grande colonie comme l'Indochine, où la complexité des problèmes politiques et écono-
miques exige de l'action gouvernementale beaucoup de souplesse et de vigilance, cette adaptation n'est pas toujours
facile à réaliser. Une solide expérience est nécessaire pour
degager les méthodes qui, tout en restant conformes à l'esprit des décrets organiques, sont les mieux appropriées à
l'administration de ce pays.

Le moment me paraît venu de préciser à nouveau les règles
de nature à assurer le bon fonctionnement des organes
administratifs de l'Indochine, à la fois suivant l'esprit des
decrets organiques et suivant l'état de choses nouveau decou-
lant des circonstances actuelles.

C'est ainsi que certains services du Gouvernement général, qui ont contribué dans une large mesure à l'admirable travail de croissance de l'Union indochinoise, ont conservé, malgré l'ordre nouveau institué en 1911, des tendances correspondant à des conceptions centralisatrices indispensables pour cimenter une union, fragile à ses débuts, mais dont le temps est désormais révolu. Par ailleurs, quelques gouvernements locaux revendiquent une indépendance inconciliable avec l'existence et le fonctionnement d'un Gouvernement général.

Ces diverses tendances plus superficielles qu'on ne le croit d'ordinaire, dues pour une part à l'action propre de certaines personnalités fortement accusées, dérivent en général d'une conception inexacte des rôles impartis respectivement au Gouverneur général et aux Chefs des Gouvernements locaux, seuls détenteurs de pouvoirs propres. Par ailleurs, nombre de textes règlementaires, dont les dispositions sont en désaccord avec les actes de 1911, compliquent la question. La revision nécessaire de ces textes ne peut être opérée immédiatement. Il y sera progressivement procédé. En attendant que cette œuvre puisse être menée à bien, je me bornerai à fixer par la présente circulaire les règles générales, claires et précises, propres à assigner à chaque autorité le rôle qui lui revient et à modifier dans la mesure strictement nécessaire, les dispositions administratives qui iraient à l'encontre de ces règles.

J'espère qu'ainsi, les diverses autorités administratives du groupe, délimitées exactement dans leurs attributions, pourront coopérer, en plein accord, à l'accomplissement de la lourde tâche qui m'incombe.

* *

Le Gouverneur général a une double mission. Il est tout d'abord le représentant du Gouvernement métropolitain et le dépositaire des pouvoirs de la République dans l'ensemble du territoire de l'Union indochinoise. Il est en même temps le mandataire des intérêts généraux du groupe de pays composant le Gouvernement général.

Considéré comme représentant du Gouvernement français, il est un agent de décentralisation ou plus exactement de déconcentration et se substitue à l'action exercée directement par le Ministre des Colonies et les autres Ministres du Cabinet à l'égard des colonies demeurées autonomes. Résidant dans le territoire de l'Union, il est mieux à même de se rendre compte de la diversité des problèmes à résoudre, voit plus aisément les moyens de les régler et peut, le cas échéant, proposer à l'autorité compétente les modifications législatives appropriées.

Sa qualité de dépositaire des pouvoirs de la République, en lui imposant de veiller au respect des droits de la France dans cette partie de l'Asie et en le rendant seul responsable de la conduite des affaires locales, lui confère en contrepartie le droit exclusif de diriger l'évolution politique, sociale, financière ou économique du pays. Ses attributions sans être définies, à cet égard, d'une manière précise, ne comportent aucun pouvoir règlementaire susceptible d'empiéter sur les attributions personnellement dévolues aux Chefs des Gouvernements locaux. Il agit, à ce titre, par voie d'instructions et ne saurait consentir aucune délégation d'une autorité qui lui a été conférée à titre strictement personnel. Les Chefs de Gouvernements locaux placés expressément sous ses ordres directs ne peuvent donc déterminer ou provoquer, sans son assentiment préalable, une nouvelle orientation générale du pays qu'ils administrent, sous sa haute autorité. Pour permettre au Gouverneur général d'exercer ses attributions, les Chefs des Gouvernements locaux doivent le renseigner, lui rendre compte même des actes relevant de leur compétence et lui proposer les mesures qu'ils jugent utiles. Par cette prérogative essentielle, se trouve assurée l'unité de vues dans la décentralisation.

Cette subordination indispensable se complète par le droit exclusif réservé au Gouverneur général de correspondre avec le Ministre et les agents diplomatiques et consulaires de la France en Extrême-Orient.

Le Gouverneur général n'a pas seulement reçu du pouvoir métropolitain une délégation d'autorité d'ordre hiérarchique sur les organismes administratifs de l'Indochine, il est également investi de pouvoirs règlementaires propres qu'il exerce sans partage, sous la réserve d'observer certaines formalités ou de prendre l'avis préalable de Conseils purement consultatifs. Ces actes règlementaires, il les prend sous sa responsabilité et de ce fait, ils n'ont pas besoin d'être contresignés par une autorité civile ou militaire, comme l'exigeaient les anciennes ordonnances, en contrepartie de la responsabilité limitée des Gouverneurs.

Le plus important de ces pouvoirs consiste dans le droit qui lui est reconnu, en vertu d'une délégation expresse et permanente, d'organiser les divers services des administrations indochinoises, en dehors des cas où des textes ont formellement réservé l'intervention du Département. Sous cette même réserve, il nomme à tous les emplois civils et il répartit, selou les besoins, le personnel de tous les services entre les divers pays de l'Indochine. Ces pouvoirs qu'il a la faculté de déléguer, mais sous sa responsabilité, ont été récemment accrus par la dispense de l'approbation ministérielle préalable, prévue par un décret du 11 septembre 1920.

En outre de cette délégation générale, il est chargé, en vertu de délégations législatives spéciales, de régler par voie d'arrêtés diverses matières d'administration générale ou de police.

Enfin, en matière financière, il est habilité pour approuver les budgets locaux et les arrêtés financiers émanant des Chefs de Gouvernements locaux doivent recevoir son approbation préalable. De plus, ayant la charge des finances générales, il est appelé, soit dans la gestion des budgets, soit dans celle de certains services fiscaux, à édicter parfois, sous réserve de l'approbation du Ministre, des règlements susceptibles d'une profonde répercussion sur la vie locale.

En dehors de ces trois cas qui fournissent d'ailleurs une part considérable de la législation indochinoise, les textes généraux applicables à l'ensemble de l'Indochine ne peuvent résulter que de décrets et sont seuls de nature à limiter les pouvoirs règlementaires propres du Gouverneur de la Cochinchine et des Résidents supérieurs.

En tant que représentant des intérêts généraux du groupe dont il a la direction, le Gouverneur général apparaît comme un organe de coordination et de régularisation, chargé de guider d'après un plan d'ensemble l'évolution de pays distincts mais géographiquement et ethniquement appelés à composer une fédération économique et politique. Les ressources propres très importantes mises à la disposition du budget général lui permettent de pratiquer une entr'aide mutuelle difficile à réaliser autrement et de fortifier l'armature politique et économique du groupe, en le faisant bénéficier d'un plus vaste crédit destiné à gager les emprunts nécessaires à l'exécution de grands travaux publics.

Dans ce rôle particulier, l'autorité du Gouverneur général semble, à première vue, porter atteinte à la libre initiative des chefs de Gouvernements locaux Il en serait ainsi effectivement, si le Gouvernement général n'avait pas une personnalité, non seulement distincte mais essentiellement différente, par sa nature même de celle des pays qui le composent. Le Gouvernement général est l'organe de besoins supérieurs auxquels aucun pays pris séparément ne pourrait satisfaire, et la tâche essentielle du Gouverneur général et d'assurer la satisfaction de ces besoins supérieurs, tout en laissant aux organismes locaux plus développés la liberté d'action et les ressources indispensables à leur évolution normale. C'est là, je dois le reconnaître, une tâche fort délicate, qui, pour être menée à bien implique une collaboration confiante et constante du Gouverneur général avec les Chefs de Gouvernements locaux. Aussi mon intention bien arrêtée est-elle de n'entreprendre aucune réforme de grande portée et de ne donner ou provoquer aucune nouvelle orientation sans avoir pris leur avis. J'estime que le Gouverneur général, gardien d'intérêts généraux, doit s'abstenir de toute intervention permanente et importune dans la conduite des affaires des administrations locales.

Pour m'aider dans l'accomplissement quotidien de la tâche considérable et infiniment variée à laquelle seul je ne pourrais suffire, je suis assisté directement dans les diverses branches de l'Administration de fonctionnaires d'un grade élevé, dépourvus de tout pouvoir propre. Ces collaborateurs, chefs de grands services, techniciens ou spécialistes pour la plupart, sont avant tout mes conseillers et lorsque, par une délégation passagère ou permanente de ma part, ils se trouvent appelés à intervenir auprès des organes locaux, ils doivent impérativement limiter leur intervention au champ d'action que je viens de fixer. Toute autre conception de leur rôle serait non seulement contraire à l'autonomie des pays de l'Union, mais en détournant les Chefs de service du Gouvernement général de leur tâche essentielle elle entraverait les initiatives, disperserait les responsabilités et finalement engendrerait le désordre à tous les degrés de l'Administration. Actuellement, certains chefs de services fiscaux du Gouvernement général qui ont une action directe sur leur personnel réparti dans les divers pays de l'Union paraissent échapper à cette règle commune ; en réalité, il n'en est rien car leur intervention se trouve justifiée par l'obligation où ils sont de suivre des intérêts généraux très souvent en opposition avec des intérêts locaux, et ce faisant, ils demeurent dans le domaine d'activité dans lequel se meut le Gouverneur général.

⁎

La limite de mes prérogatives, qu'elles soient exercées personnellement par moi ou par délégation par mes chefs de services détermine tout naturellement les attributions des Chefs de Gouvernements locaux. Ils exercent au nom du

Gouverneur général et sous son contrôle l'autorité la plus complète sur le pays confié à leur direction. Ils sont responsables vis-à-vis de lui de la bonne marche des services d'administration générale et du maintien de l'ordre public.

Leur initiative pour régler les matières d'administration et de police non réservées à une autre autorité par des textes spéciaux, soit qu'il s'agisse de prescrire des mesures d'exécution, soit qu'il y ait lieu de suppléer à l'absence de réglementations préexistantes, est entière, sous la seule condition de rendre compte au Gouverneur général. Leurs arrêtés, en ces matières, sont sanctionnés par les peines prévues au décret du 6 mars 1877.

Il leur appartient d'élaborer les règlements pour l'application de lois et de décrets, lorsque ceux-ci contiennent des dispositions n'en réservant pas expressément le pouvoir au Gouverneur général.

Enfin, ils peuvent toujours recevoir, par décision spéciale, une délégation des pouvoirs règlementaires du Gouverneur général.

Les Chefs des Gouvernements locaux possèdent donc un pouvoir propre de décision, qui est de la même essence que celui du Gouverneur général, bien que s'exerçant sur un champ plus restreint. Aucun autre de mes collaborateurs ne jouit de cette prérogative.

Bien plus, en conservant à chaque pays de l'Union une administration autonome et sa personnalité financière, les décrets de 1911, ont réservé aux Chefs des Gouvernements locaux des attributions extrêmement importantes et, du même coup, une initiative complète dans le domaine des mesures intéressant le développement des œuvres d'intérêt économique et d'intérêt social. C'est dans ce domaine de l'activité productrice de progrès humain, de l'aménagement des ressources locales et de leur emploi, que leur volonté apparaît prédominante et qu'il importe qu'elle soit appuyée d'une autorité réelle à l'égard des services, dont le concours leur est nécessaire. C'est pourquoi le législateur a tenu à spécifier que « Tout le personnel en service dans le territoire dont la haute direction leur est confiée est, sauf stipulation formelle contraire, mis à leur disposition et réparti par eux suivant les besoins du service ».

Ce personnel est donc placé dans une situation de complète subordination, tant administrative que disciplinaire à l'égard des Chefs des Gouvernements locaux.

En dehors de quelques unités du personnel du Contrôle financier soumis à un régime spécial, la seule véritable exception à cette règle concerne la magistrature. Le personnel judiciaire de la colonie se trouve en effet, placé vis-à-vis du Gouverneur de la Cochinchine et des Résidents supérieurs dans une situation d'indépendance qui s'explique par le principe constitutionnel de la séparation des pouvoirs, mais qui n'exclut pas, toutefois, certains devoirs de déférence et de courtoisie réciproques. D'ailleurs, dans la mesure où il importait pour le bien général de faire naître des rapports directs de service entre l'autorité administrative et l'autorité judiciaire, le Gouverneur général a déjà usé de son action de contrôle sur le fonctionnement des Parquets, en invitant l'an passé les Procureurs généraux à donner à leurs subordonnés l'ordre de tenir les Chefs des Gouvernements locaux, et le cas échéant, les Chefs de province, au courant de toutes les affaires judiciaires susceptibles d'interesser l'ordre public dans leurs circonscriptions respectives.

Les instructions spéciales qui accompagnent la présente circulaire précisent dans quelles conditions doit s'exercer, suivant les catégories d'agents, cette autorité personnelle des Chefs des Gouvernements locaux sur tous les fonctionnaires en service dans le territoire où s'exerce leur commandement. Je me bornerai à dire ici, que cette autorité, de la même nature que celle du Gouverneur général, ne saurait être contestée sous prétexte d'une distinction à établir entre des services généraux et des services locaux. Cette distinction est purement arbitraire car les prétendus services généraux groupent en réalité des personnels locaux qui ont été versés dans des cadres communs à l'Indochine entière, dans le seul but de mettre de l'ordre et de l'harmonie dans leurs statuts et de donner plus de souplesse au fonctionnement des divers rouages administratifs, en rendant les agents interchangeables de pays à pays suivant les besoins. La mesure ne saurait avoir pour résultat d'affaiblir l'autorité des Chefs de Gouvernements locaux sur certaines catégories de personnel, quand bien même un Directeur ou un Inspecteur général exercerait concurremment un contrôle administratif ou technique à leur égard.

Par application du même principe, tous les agents de services indochinois sont également placés disciplinairement sous l'autorité de l'Administrateur ou Résident seul représentant du pouvoir politique dans la province où ils exercent leur fonction.

Je tiens toutefois à préciser que cette autorité, soit du Chef du Gouvernement local, soit du Chef de province qui le représente, ne saurait évidemment s'exercer lorsqu'il s'agit de services techniques, dans le domaine des instructions et des ordres particuliers que les agents reçoivent du Chef local de service pour l'exécution de leur tâche habituelle.

Pour certains services dont l'action doit être plus directe par le fait qu'ils alimentent le budget général, il se peut même que l'exercice de l'autorité technique revête un caractère plus étroit. Mais dans tous les cas, le principe qui les soumet à l'autorité des représentants du pouvoir politique est général et intangible.

Auprès de chacun des Chefs des gouvernements locaux les services, quand bien même ils seraient exclusivement créés en vue des intérêts généraux du groupe, doivent avoir un chef local de service relevant comme tel du Chef de service du Gouvernement général compétent et apparaissant, en outre, dans le plan du Gouvernement local, comme le collaborateur du Gouverneur ou Résident supérieur, en contact constant avec celui-ci pour assurer la bonne marche des organes admini-tratifs qu'il représente. Cette fonction constitue, en effet, à mes yeux, un des rouages essentiels d'un régime de décentralisation et je me propose de le créer pour les services qui s'en trouveraient encore dépourvus.

Les Chefs locaux de service assistent le Gouverneur ou Résident supérieur dans la direction administrative et le contrôle de leurs subordonnés. Ils doivent être pour lui des conseillers avertis, des collaborateurs loyaux. Si leur fonction les appelle à représenter des intérêts parfois étrangers à l'Administration locale et même en opposition avec elle, ils doivent s'attacher à ménager les meilleures relations entre leurs subordonnés et les autorités locales.

En précisant les rapports des divers Chefs de service relevant du Gouvernement général et les Chefs des gouvernements locaux, je suis amené à traiter une question délicate. celle de la correspondance.

En principe, les Chefs des Gouvernements locaux demeurent seuls en correspondance avec le Gouverneur général. C'est là une règle que, pour ma part, j'ai toujours fait respecter dans nos gouvernements de l'Ouest africain. En Indochine cette règle, logique en soi, ne saurait jouer d'une manière aussi étroite, sans porter préjudice à la prompte solution des affaires, dont le nombre et l'importance sont tels qu'il me serait impossible de les régler toutes, soit personnellement, soit par l'intermédiaire de mon Secrétaire général. J'estime donc qu'il convient d'y apporter les tempéraments suivants :

Du principe de subordination de tous les services existant sur le territoire d'un Gouvernement local au Chef de ce

Gouvernement, il résulte que toute correspondance des premiers doit passer par l'intermédiaire de ce dernier. Cette règle ne saurait toutefois être imposée lorsqu'il s'agit de services fonctionnant au seul profit du budget général. On conçoit aisément que des relations directes entre le Chef de service du Gouvernement général qualifié et les Chefs locaux du même service soient indispensables ; il serait d'ailleurs sans intérêt pour le Chef du Gouvernement local de voir passer tous les documents techniques qui s'échangent entre les administrations centrales de ces services exclusivement fiscaux et leurs agences réparties sur tout le territoire de l'Indochine. C'est là une dérogation logique à la règle que toute tâche administrative soit, dans un même pays, accomplie sous la surveillance directe du Chef du Gouvernement local.

Les Chefs de service du Gouvernement général préparent chacun pour les affaires de leur compétence et soumettent à la signature du Gouverneur général les correspondances à l'adresse du Gouverneur de la Cochinchine et des Résidents supérieurs. Règlementairement, ils n'ont pas le droit d'échanger des correspondances officielles avec les Chefs de Gouvernements locaux, sans une autorisation expresse de ma part, de même la correspondance des Chefs de Gouvernements locaux qui leur est destinée doit leur être adressée sous mon couvert. Toutefois, j'admets que les Chefs de gouvernements locaux leur adressent directement des affaires d'ordre soit purement technique, soit d'administration courante, n'entraînant aucune décision importante de principe et, réciproquement, je ne vois que des avantages à ce que les Chefs de service répondent ou les saisissent directement des questions de même ordre.

Dans les instructions qui accompagnent la présente circulaire, j'indiquerai d'autre part comment doivent se régler les rapports des Chefs des services relevant du Gouvernement général avec le personnel soumis à leur contrôle technique, mais placé administrativement sous l'autorité du Gouverneur de la Cochinchine et des Résidents supérieurs.

L'observation de ces règles qui, tout en fixant un départ exact entre les attributions des divers organes du Gouvernement général et de l'Administration locale restent suffisamment larges aura pour effet, si elle est pratiquée sans arrière-pensée, d'établir l'harmonie indispensable entre toutes les branches de l'Administration indochinoise. Si, en prescrivant le redressement des méthodes de certains organes administratifs du Gouvernement général, j'ai eu pour objet d'affirmer l'autorité prééminente et de fortifier le prestige des représentants du pouvoir politique responsable, j'entends que ceux-ci témoignent dans tous les actes de la plus grande largeur de vue et s'abstiennent d'intervenir dans les détails techniques du service. J'entends aussi que, comme contrepartie des pouvoirs généraux qui leur sont dévolus, les Chefs des Gouvernements locaux veillent d'une manière constante à ce que les fonctionnaires d'autorité placés sous leurs ordres prêtent tout leur concours aux services techniques ou fiscaux sans distinguer si les recettes qu'ils procurent ou les dépenses qu'ils font ressortissent à tel ou tel budget.

Je suis certain d'être, ce faisant, l'interprète du législateur colonial, car l'œuvre que nous accomplissons ici exige la coordination de tous les efforts et la cohésion de toutes les bonnes volontés, sous l'autorité de ceux qui ont la lourde responsabilité de diriger les destinées des grandes collectivités indochinoises.

Je vous prie de m'accuser réception de la présente circulaire.

M. MERLIN.

Hanoi, le 15 avril 1924.

INSTRUCTIONS

à Messieurs le Gouverneur de la Cochinchine, les Résidents supérieurs en Annam, au Tonkin, au Cambodge et au Laos et les Chefs de service relevant du Gouvernement général.

Dans une circulaire de ce jour, j'ai rappelé les principes sur lesquels repose l'organisation politique et administrative de l'Indochine.

Les présentes instructions ont pour objet de faire l'application de ces principes, en ce qui concerne plus particulièrement les détails de l'administration et de la discipline du personnel des différents services.

Un arrêté à la date du 15 avril modifie, dans le sens des prescriptions qui vont suivre, certaines dispositions des arrêtés des 20 juin et 24 octobre 1921, contenant les règles communes applicables à tous les fonctionnaires indochinois des cadres français. Ces textes ainsi mis au point, demeureront la base réglementaire du statut de ces fonctionnaires.

I — AFFECTATIONS

Règles générales. — Le personnel de tous les services sans distinction, à l'exception des magistrats du siège et du Ministère public, est exclusivement soumis dans chaque pays de l'Union à l'autorité du Gouverneur ou Résident supérieur.

Le personnel d'un même service est placé sous la direction administrative technique et disciplinaire d'un chef local de service responsable vis-à-vis du chef du Gouvernement local.

Les fonctionnaires et agents nouvellement nommés ou revenant de congé ou faisant l'objet d'une mutation sont mis par le Gouverneur général à la disposition des Chefs de Gouvernements locaux qui prononcent leur affectation sur la proposition du chef local de service.

Les chefs locaux de service sont désignés par le Gouverneur général sur la proposition concertée du Chef du Gouvernement local et du Chef de service du Gouvernement général intéressé. Ils sont relevés de leurs fonctions dans la même forme sur la demande du Gouverneur ou Résident supérieur, après avis du Chef de service du Gouvernement général.

Règles particulières. Inspecteurs des Affaires politiques et administratives. — *Résidents et Chefs de province.* — Les Inspecteurs des Affaires politiques et administratives, les

Administrateurs-résidents ou Chefs de province continuent à être désignés par le Gouverneur général sur la proposition du Gouverneur ou Résident supérieur.

Ce mode de désignation est exceptionnellement maintenu dans le but de donner plus d'autorité à ces fonctionnaires et d'affirmer leur droit de contrôle et d'action disciplinaire sur le personnel de toutes catégories y compris celui qui dépend du Gouvernement général.

Il reste toutefois bien entendu, que les Inspecteurs des Affaires politiques et administratives comme les Administrateurs-Résidents ou Chefs de province relèvent directement et exclusivement du Gouverneur ou Résident supérieur.

Douanes et Régies. — Le Directeur des Douanes et Régies, en vertu de l'arrêté nº 1457 du 15 avril répartit, par délégation permanente du Gouverneur général, le personnel entre les divers pays.

Les Sous-directeurs sont désignés par le Gouverneur général sur la proposition concertée du Chef du Gouvernement local et du Directeur des Douanes et Régies.

Les inspecteurs, receveurs subordonnés et vérificateurs reçoivent directement leur affectation du Directeur des Douanes et Régies après adhésion du Chef du Gouvernement local.

Les affectations de tous les autres fonctionnaires et agents des Douanes et Régies sont prononcées par les Sous-directeurs après approbation du Gouverneur ou Résident supérieur.

Relativement au personnel des Douanes et Régies, sont expressément maintenues toutes les dispositions des circulaires du 2 octobre 1908 et du 25 septembre 1916 qui ne sont pas contraires aux présentes instructions.

II. — BULLETINS INDIVIDUELS DE NOTES

Règles générales. — Mon arrêté nº 1459 du 15 avril 1924 modifiant certaines dispositions de l'arrêté du 24 octobre 1921 fixe, en cette matière, le principe général suivant : les notes individuelles sont établies annuellement sur un état signalétique unique portant successivement les appréciations du Chef direct de l'intéressé, de l'Administrateur-résident ou Chef de province, du Chef local de service, du Chef du Gouvernement local et du Chef de service du Gouvernement général qualifié, conformément au modèle ci-joint.

Le nouveau texte ne prête à aucune ambiguité ; j'insisterai seulement sur ce fait que l'Administrateur-résident ou Chef de province a désormais qualité pour mettre son appréciation sur tout bulletin de note du personnel en service dans sa circonscription. C'est là une conséquence naturelle du rôle de représentant direct de l'autorité du Gouverneur général et de celle du Gouverneur ou Résident supérieur qui incombe à ce fonctionnaire. Il doit se dispenser de juger de la valeur de l'intéressé au point de vue proprement technique et ses appréciations doivent figurer sur la page où le Gouverneur ou Résident supérieur apposera ultérieurement ses notes et ses propositions s'il y a lieu. Les notes techniques, qu'elles émanent du Chef direct de l'intéressé, du Chef local de service ou du Chef de Service du Gouvernement général, sont inscrites sur une page spéciale mais faisant un tout avec l'état signalétique, comme l'indique le modèle joint aux présentes instructions.

Règles particulières. — Magistrats. — Les Chefs des Gouvernements locaux n'ont pas à noter ni à proposer pour l'avancement les magistrats en exercice sur le territoire qu'ils administrent. Ce soin incombe, soit au Premier Président, soit au Procureur général, à l'exclusion du Directeur de l'Administration judiciaire qui n'est pas habilité à cet effet. Les notices des magistrats contenant mention des notes des Premiers Présidents ou Procureurs généraux sont transmises directement par leurs soins au Gouvernement général, sous le timbre de la Direction de l'Administration judiciaire. Ce service les présente au Gouverneur général, pour que celui-ci y inscrive son avis selon les prescriptions du décret du 5 septembre 1923. Elles sont ensuite adressées au Département.

Travaux publics. — Pour le personnel des Travaux publics, il convient seulement de préciser que les fonctionnaires et agents de la Régie des chemins de fer étant répartis entre 3 arrondissements, doivent être notés au point de vue administratif d'abord par le Résident ou Chef de province et ensuite par le Chef du pays de l'Union où ils ont leur résidence. C'est au chef de service placé à la tête de chaque arrondissement qu'il appartient de communiquer au Gouverneur ou Résident supérieur intéressé, les bulletins concernant ses agents.

Postes et Télégraphes et Services radiotélégraphiques. — Les règles générales qui figurent en tête des présentes instructions s'appliquent à tout le personnel français du cadre

local des Postes et Télégraphes et du Service radiotélégra-
phique.

Elles souffrent une dérogation, en ce qui concerne le personnel des cadres métropolitains, détaché en service en
Indochine. Pour celui-ci, les notes du Résident ou Chef de
province et celles du Gouverneur ou Résident supérieur
continueront, comme par le passé, à figurer sur des feuilles
signalétiques indépendantes du bulletin de notes confiden-
tielles, destiné à l'Administration centrale à Paris. Les feuillets
sont toujours adressés au Gouvernement général, en même
temps que les bulletins, afin de permettre au Chef de la
colonie de formuler son appréciation sur la manière de servir
des intéressés.

Services de l'Enregistrement. — Les règles générales
s'appliquent au personnel français du Service de l'Enregistrement, du Domaine et du Timbre dans les mêmes conditions
qu'au personnel des Postes et Télégraphes pour les fonctionnaires détachés des cadres métropolitains.

Trésoreries. — Les mêmes règles générales s'appliquent
au personnel français du cadre local des Trésoreries, sauf
les dérogations qui sont imposées par les dispositions du
décret organisant le Service de la Trésorerie de l'Indochine.

Pour le personnel, dont la nomination est réservée au Ministre des Finances, il n'est apporté aucune modification aux
règles actuellement suivies.

Les notes des autorités locales continuent à figurer pour
ces fonctionnaires sur des feuillets indépendants du bulletin
individuel qui doit être transmis au Département.

La liste par classe et par ordre de mérite des agents pro-
posés pour l'avancement est arrêtée par le Trésorier général
selon les prescriptions de l'article 17 du décret du 20 juillet
1904.

III. — PROPOSITIONS POUR L'AVANCEMENT

Règles générales. — La nouvelle rédaction de l'article 2 de
l'arrêté du 24 octobre 1921 est suffisamment précise pour qu'il
me soit utile d'insister sur son application. Le principe général
est le suivant : le chef local de service établit la liste de proposition de son personnel qui est arrêtée définitivement par
le Gouverneur ou Résident supérieur. Ce dernier peut modifier l'ordre de préférence, faire des additions ou des radiations
mais, dans tous ces cas, il doit annexer à la liste un avis
motivant explicitement ses décisions. Les listes ainsi arrêtées

sont transmises au Gouvernement général et ne sont plus modifiées jusqu'au moment où elles sont soumises à la Commission du tableau.

Règles particulières. — Pour les services appartenant aux Administrations fiscales du budget général, pour le service de la Trésorerie générale, le Gouverneur ou Résident supérieur appose ses observations sur la liste de classement établie par le Chef local de service, mais sans la modifier. C'est au Chef de service du Gouvernement général qualifié qu'il appartient de l'arrêter avant de l'incorporer au travail d'ensemble qu'il soumet au Gouverneur général.

Pour le personnel relevant directement de l'Inspection générale des Travaux publics, tel que celui des Chemins de fer, la liste de classement établie par l'Ingénieur, chef d'arrondissement, est revêtue des observations du Gouverneur ou Résident supérieur et arrêtée par l'Inspecteur général des Travaux publics dans la même forme que ci-dessus.

IV. — CORRESPONDANCES

Dans la circulaire qui accompagne les présentes instructions, j'ai indiqué quels tempéraments, il convenait d'apporter au principe suivant lequel toute correspondance doit émaner ou passer sous le couvert du Gouverneur général et du Gouverneur ou Résident supérieur. Je n'ai d'autres précisions à donner à ce sujet, qu'en ce qui concerne la correspondance entre les Services du Gouvernement général qui ne fonctionnent pas au profit du budget général et les services locaux qui y sont rattachés techniquement. Pour me décharger d'un travail secondaire, les chefs de ces services peuvent adresser directement les instructions d'ordre technique ou d'administration courante aux services locaux, mais toujours, sous le couvert du Gouverneur ou Résident supérieur.

Quant à la correspondance échangée entre eux par les chefs de service relevant du Gouvernement général, elle continuera, comme par le passé, à s'effectuer directement.

Je prie les Gouverneurs et Résidents supérieurs ainsi que les Directeurs et Chefs de service relevant du Gouvernement général de communiquer sans retard les présentes instructions au personnel sous leurs ordres et de me rendre compte des dispositions qu'ils auront prises pour en assurer la parfaite exécution.

M. MERLIN.

GOUVERNEMENT GÉNÉRAL
de
L'INDOCHINE

RÉPUBLIQUE FRANÇAISE

Année....

Personnel des services.....

BULLETIN INDIVIDUEL DE NOTES

Nom et prénoms

Date et lieu de naissance

Célibataire, marié, veuf, nombre d'enfants

Adresse de la famille

Diplômes universitaires

Grade et date de la promotion :

Services antérieurs
- 1° — à l'admission dans le personnel du service ;
- 2° — dans le personnel du service ;

Services dans le grade { 1° — en Indochine ;
arrêtés au 31 déc. 192 { 2° — hors de l'Indochine.

Langues diverses :

Distinctions honorifiques :

Note. — Les renseignements ci-dessus seront fournis par chacun des intéressés qui déclarera sous sa signature sincère et véritable le contenu de ses déclarations.

NOTES DU SUPÉRIEUR HIÉRARCHIQUE
sous les ordres directs duquel le fonctionnaire est placé

NOTES DU CHEF LOCAL DE SERVICE

NOTES DU DIRECTEUR OU CHEF
de chacun des services de l'Indochine.

NOTES DU CHEF DE PROVINCE

NOTES DU GOUVERNEUR OU RÉSIDENT SUPÉRIEUR

NOTES DU GOUVERNEUR GÉNÉRAL

Vu pour être annexé aux instructions
du 15 avril 1924.

Le Gouverneur général de l'Indochine,
M. MERLIN.

Hanoi. — Imp. d'Extrême-Orient. — 8450 (200).